Impressum
Verlag: BABADADA GmbH, Nedderfeld 112 , 22529 Hamburg
Geschäftsführer / Verlagsleitung: Harald Hof
Druck: Books on Demand GmbH, In de Tarpen 42, 22848 Norderstedt

Imprint
Publisher: BABADADA GmbH, Nedderfeld 112 , 22529 Hamburg, Germany
Managing Director / Publishing direction: Harald Hof
Print: Books on Demand GmbH, In de Tarpen 42, 22848 Norderstedt

a împărți
除

186/2

tablă
黑板

sală de clasă
教室

curte a școlii
校園

profesor
老師

hârtie
紙

a scrie
書寫

instrument de scris
筆

masă de birou
書桌

riglă
直尺

carte
書

elev
學生

ghiozdan

書包

penar

鉛筆盒

creion

鉛筆

ascuțitoare

削鉛筆機

radieră

橡皮擦

bloc de desen

畫板

desen

圖畫

pensulă

畫筆

cutie de acuarele

顏料盒

foarfece

剪刀

lipici

膠水

caiet de exerciţii

練習冊

temă

家庭作業

număr

數字

a aduna

加

a scădea

減

a multiplica

乘

a calcula

計算

literă

字母

alfabet

字母表

cuvânt

字

text

課文

a citi

讀

cretă

粉筆

oră

上課

catalog

登記

examen

考試

certificat

證書

uniformă şcolară

校服

educaţie

教育

enciclopedie

百科全書

universitate

大學

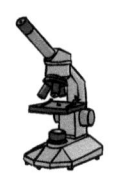

microscop

顯微鏡

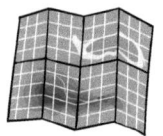

hartă

地圖

coş de gunoi

廢紙簍

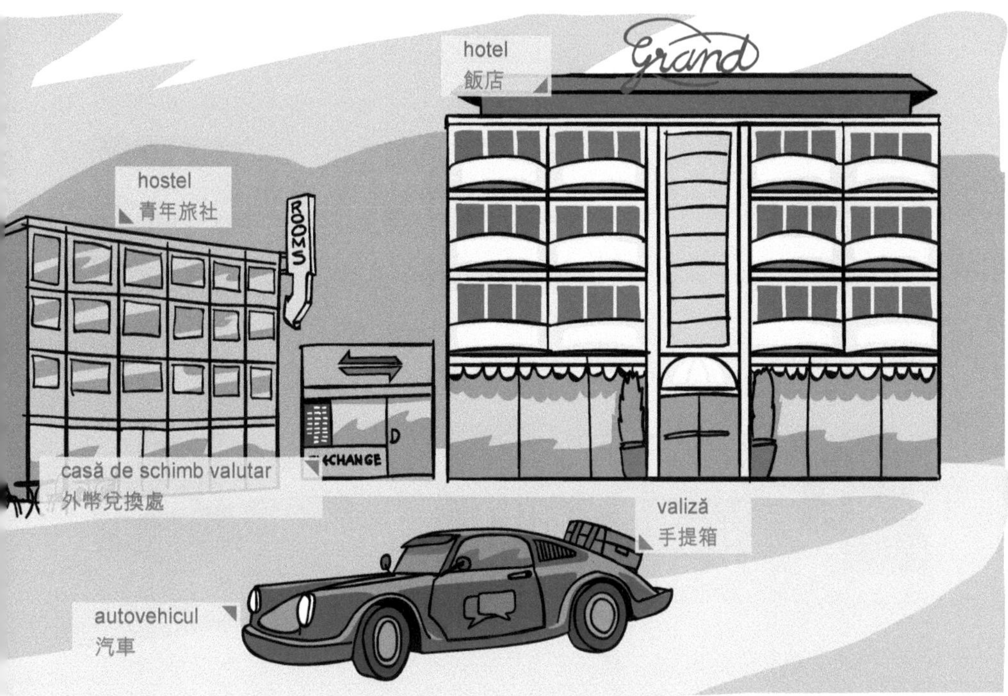

hotel
飯店
Grand
hostel
青年旅社
ROOMS
EXCHANGE
casă de schimb valutar
外幣兌換處
valiză
手提箱
autovehicul
汽車

limbă

語言

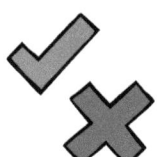

da/nu

是/否

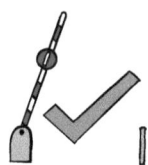

okay

好的

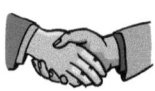

Bună!

您好

interpret

翻譯人員

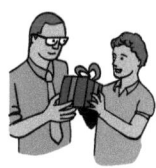

mulțumesc

謝謝

Cât costă...?

......多少錢？

Nu înțeleg

我不明白

problemă

問題

Bună seara!

晚上好！

Bună dimineața!

早上好！

Noapte bună!

晚安！

la revedere

再見

direcție

方向

bagaj

行李

geantă

包

rucsac

背包

oaspete

客人

cameră

房間

sac de dormit

睡袋

cort

帳篷

unct de informare turistică

旅行資訊

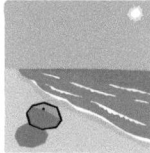

plajă

海灘

carte de credit

信用卡

mic dejun

早餐

masa de prânz

午餐

cină

晚餐

bilet de călătorie

票

lift

電梯

timbru poștal

郵票

graniță

邊界

vamă

海關

ambasadă

大使館

viză

簽證

pașaport

護照

transport
交通運送

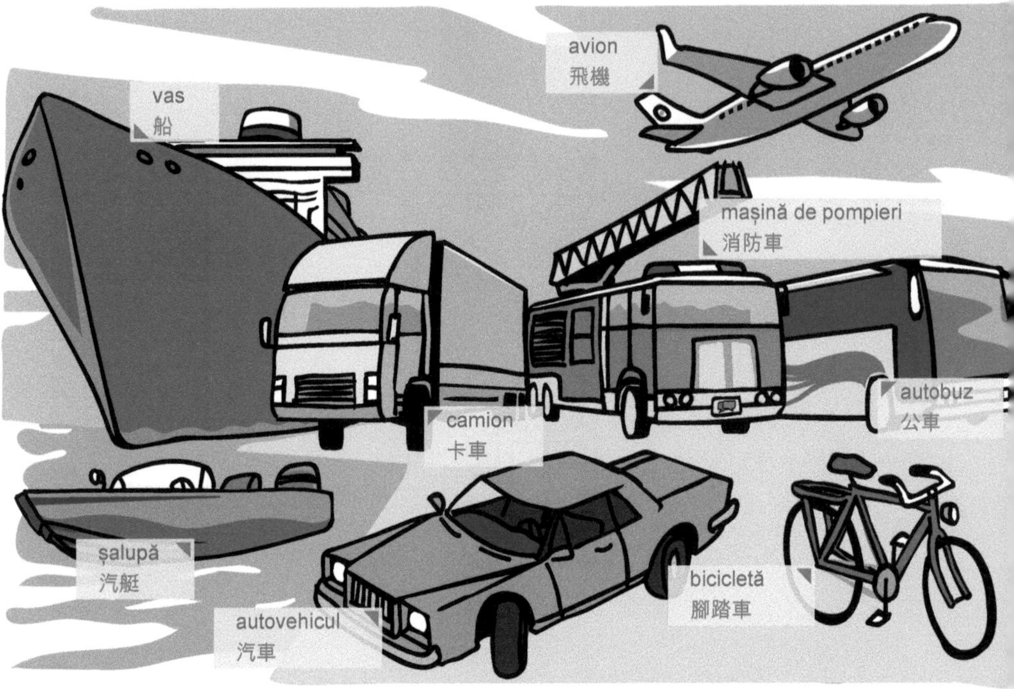

avion
飛機

vas
船

maşină de pompieri
消防車

autobuz
公車

camion
卡車

şalupă
汽艇

bicicletă
腳踏車

autovehicul
汽車

feribot

渡輪

barcă

小船

motocicletă

機車

maşină de poliţie

警車

maşină de curse

賽車

maşină închiriată

租車

car sharing

拼車

mașină de tractat

拖車

mașină de gunoi

垃圾車

motor

馬達

combustibil

汽油

benzinărie

加油站

semn de circulație

交通標識

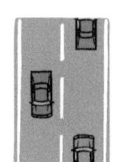

trafic

交通

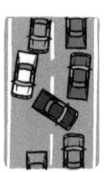

ambuteiaj

交通堵塞

parcare

停車場

gară

火車站

șine

軌道

tren

火車

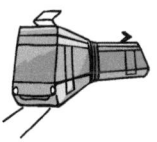

tramvai

路面電車

vagon

客車廂

elicopter

直升機

aeroport

機場

turn

塔

pasager

乘客

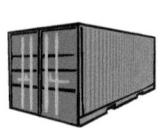

container

集裝箱

carton

紙板箱

căruță

手推車

coș

籃子

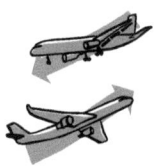

a decola/a ateriza

起飛/降落

oraș

城市

sat

村莊

centru

市中心

casă

房子

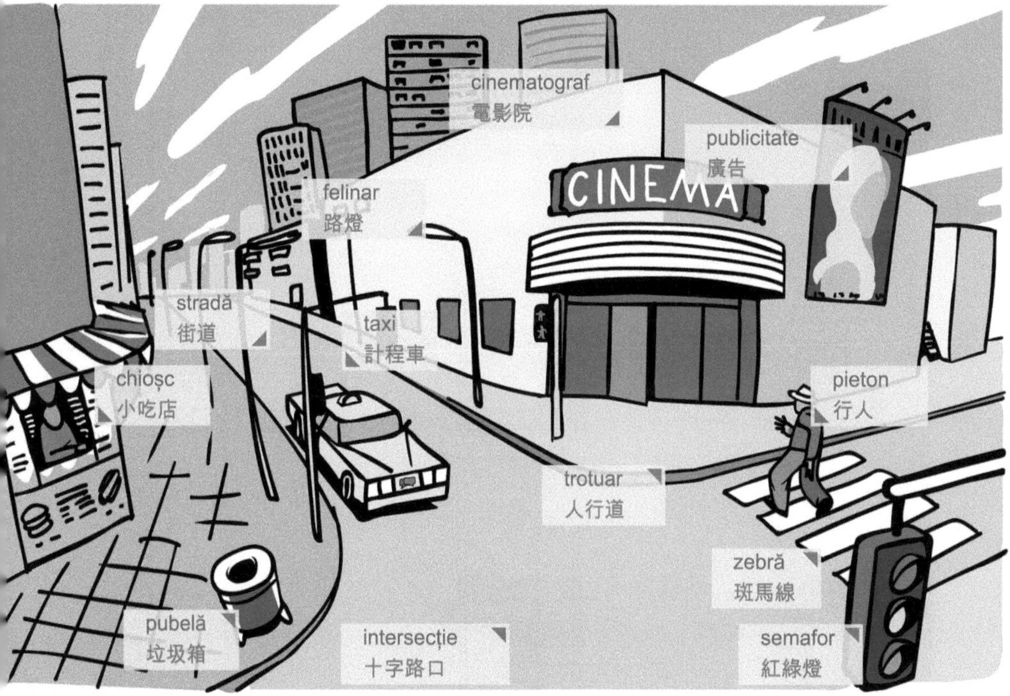

cinematograf 電影院

publicitate 廣告

felinar 路燈

stradă 街道

taxi 計程車

chioşc 小吃店

CINEMA

pieton 行人

trotuar 人行道

zebră 斑馬線

pubelă 垃圾箱

intersecţie 十字路口

semafor 紅綠燈

cabană

小屋

apartament

公寓

gară

火車站

primărie

市政廳

muzeu

博物館

şcoală

學校

universitate

大學

bancă

銀行

spital

醫院

hotel

飯店

farmacie

藥房

birou

辦公室

librărie

書店

magazin

商店

florărie

花店

supermarket

超市

piață

市場

magazin universal

百貨商店

comerciant de pește

魚店

centru comercial

購物中心

port

海港

parc

公園

bancă

長凳

pod

橋

trepte

樓梯

metrou

捷運

tunel

隧道

staţie de autobuz

公車站

bar

酒吧

restaurant

餐館

cutie poştală

郵筒

tăbliţă indicatoare cu
numele străzii

路標

parcometru

停車計時器

grădină zoologică

動物園

piscină

游泳池

moschee

清真寺

gospodărie ţărănească

農場

poluare

污染

cimitir

墓地

biserică

教堂

loc de joacă

操場

templu

寺廟

peisaj

地形

frunză
樹葉

indicator
指示牌

drum
路

pajişte
草地

piatră
石頭

copac
樹

drumeţ
徒步旅行
者

râu
河

iarbă
草

floare
花

vale
峽谷

deal
丘陵

lac
湖

pădure
森林

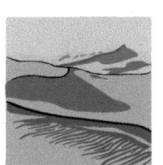

deşert
沙漠

vulcan
火山

castel
城堡

curcubeu
彩虹

ciupercă
蘑菇

palmier
棕櫚樹

ţânţar
蚊子

muscă
蒼蠅

furnică
螞蟻

albină
蜜蜂

păianjen
蜘蛛

gândac

甲蟲

broască

青蛙

veveriță

松鼠

arici

刺蝟

iepure

野兔

bufniță

貓頭鷹

pasăre

鳥

lebădă

天鵝

porc mistreț

野豬

cerb

鹿

elan

麋鹿

dig

水壩

turbină eoliană

風力發電機

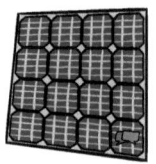

panou solar

太陽能電池板

climă

氣候

restaurant
餐館

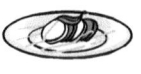

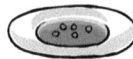

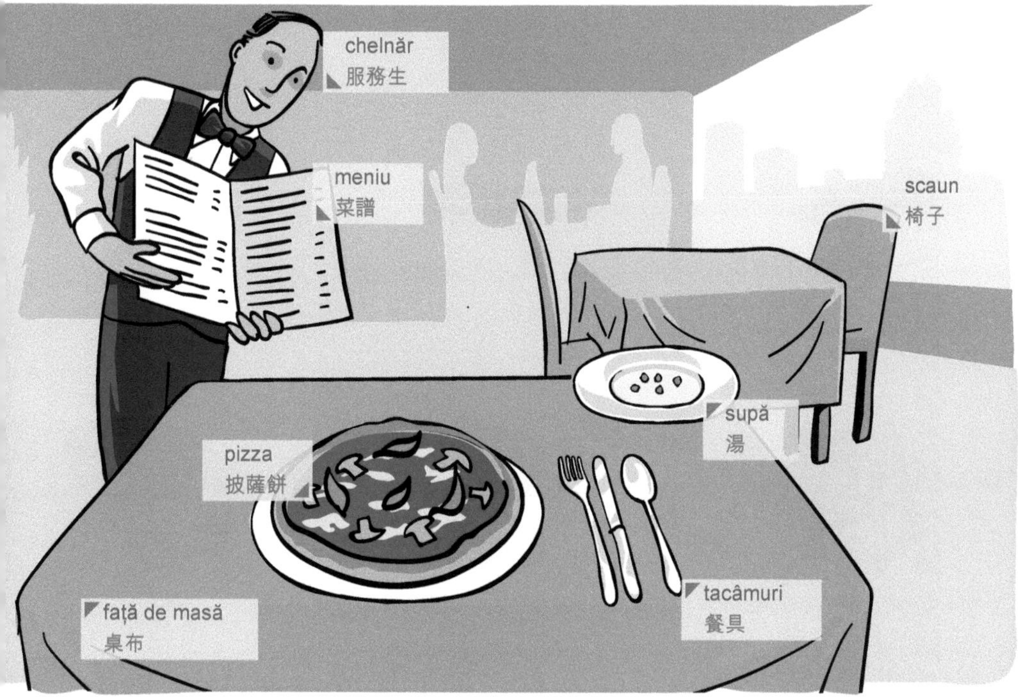
chelnăr
服務生
meniu
菜譜
scaun
椅子
supă
湯
pizza
披薩餅
tacâmuri
餐具
față de masă
桌布

antreu

前菜

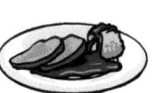

fel principal

主菜

desert

甜點

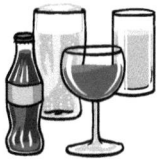

băuturi

飲料

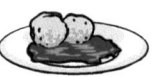

mâncare

食物

sticlă

瓶子

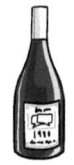

fastfood

速食

streetfood

街邊小吃

ceainic

茶壺

zaharniță

糖盒

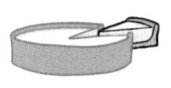

porție

一份飯菜

espressor

義式咖啡機

scaun înalt (pentru copii)

高腳椅

factură

帳單

tavă

托盤

cuțit

刀

furculiță

餐叉

lingură

勺子

linguriță

茶匙

șervețel

餐巾

pahar

玻璃杯

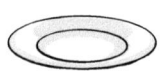

farfurie

碟子

farfurie de supă

湯盤

farfurie

碟子

sos

醬

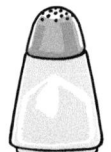

solniță

鹽瓶

râșniță de piper

胡椒研磨罐

oțet

醋

ulei

食用油

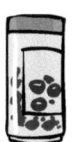

condimente

調味料

ketchup

番茄醬

muștar

芥末

maioneză

美乃滋

supermarket

超市

ofertă
特價
FOR
client
顧客
produse lactate
乳製品
fructe
水果
cărucior de cumpărături
購物車

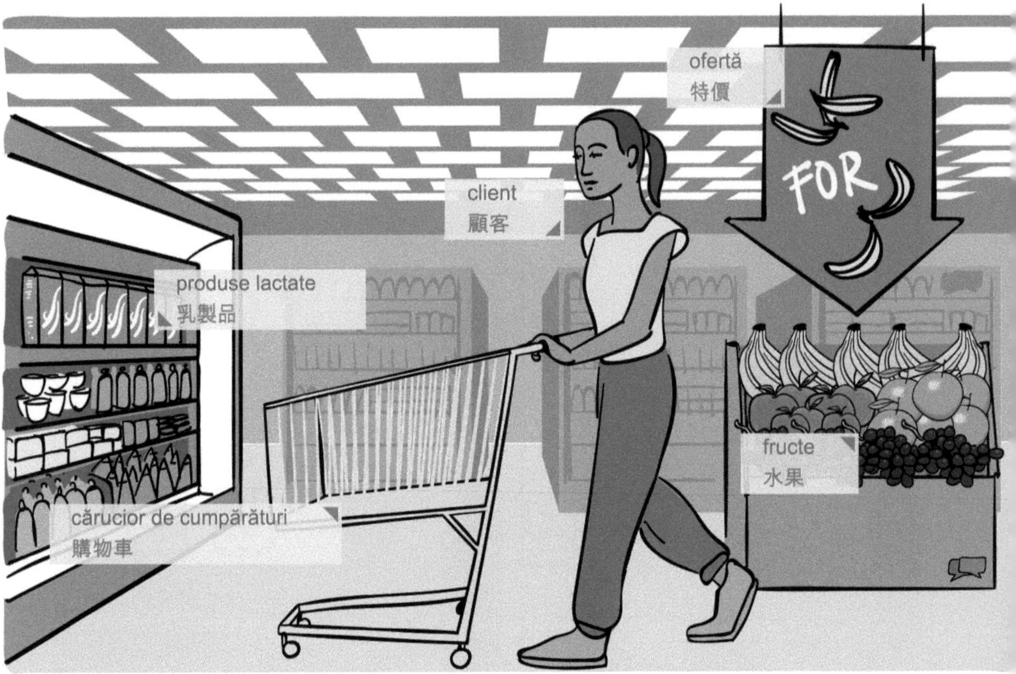

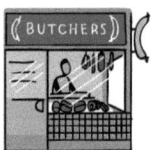

BUTCHERS

măcelărie

肉鋪

BAKERY

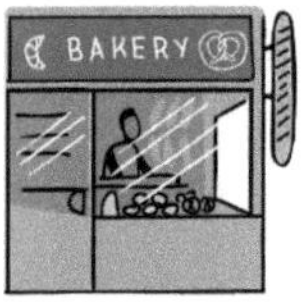

brutărie

麵包店

a cântări

稱重

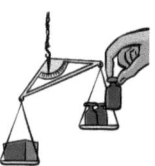

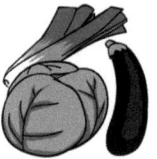

legume

蔬菜

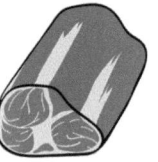

carne

肉

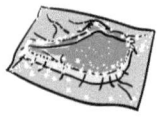

alimente refrigerate

冷凍食品

ezeluri şi brânzeturi feliate

冷盤

conserve

罐頭食品

detergent

洗衣粉

dulciuri

甜食

articole de menaj

日用品

produse de curăţenie

清潔用品

vânzătoare

銷售員

casă

收銀機

casier

收銀員

listă de cumpărături

購物清單

orar

開放時間

portmoneu

錢包

carte de credit

信用卡

geantă

袋子

pungă de plastic

塑膠袋

apă

水

suc

果汁

lapte

牛奶

cola

可樂

vin

紅酒

bere

啤酒

alcool

酒

cacao

可可

ceai

茶

cafea

咖啡

espresso

義式濃縮咖啡

cappucino

卡布奇諾

banane

香蕉

măr

蘋果

portocală

柳丁

pepene

西瓜

lămâie

檸檬

morcov

胡蘿蔔

usturoi

大蒜

bambus

竹子

ceapă

洋蔥

ciupercă

蘑菇

nuci

堅果

paste făinoase

麵條

spagheti

義大利麵

orez

米飯

salată

沙拉

cartofi prăjiţi

薯條

cartofi ţărăneşti

炸馬鈴薯

pizza

披薩餅

hamburger

漢堡

sandwich

三明治

şniţel

炸豬排

şuncă

火腿

salam

義大利臘腸

cârnaţi

香腸

pui

雞肉

friptură

烤肉

peşte

魚

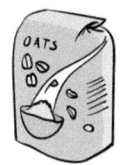

fulgi de ovăz

燕麥片

musli

木斯里

cereale

玉米片

făină

麵粉

corn

牛角麵包

chifle

麵包捲

pâine

麵包

pâine prăjită

吐司

biscuiți

餅乾

unt

奶油

brânză de vaci

凝乳

prăjitură

蛋糕

ou

蛋

ouă ochiuri

煎蛋

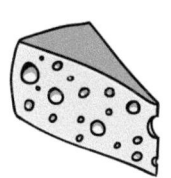

brânză

起司

îngheţată

冰淇淋

zahăr

糖

miere

蜂蜜

marmeladă

果醬

cremă nuga

巧克力醬

curry

咖哩

gospodărie țărănească
農場

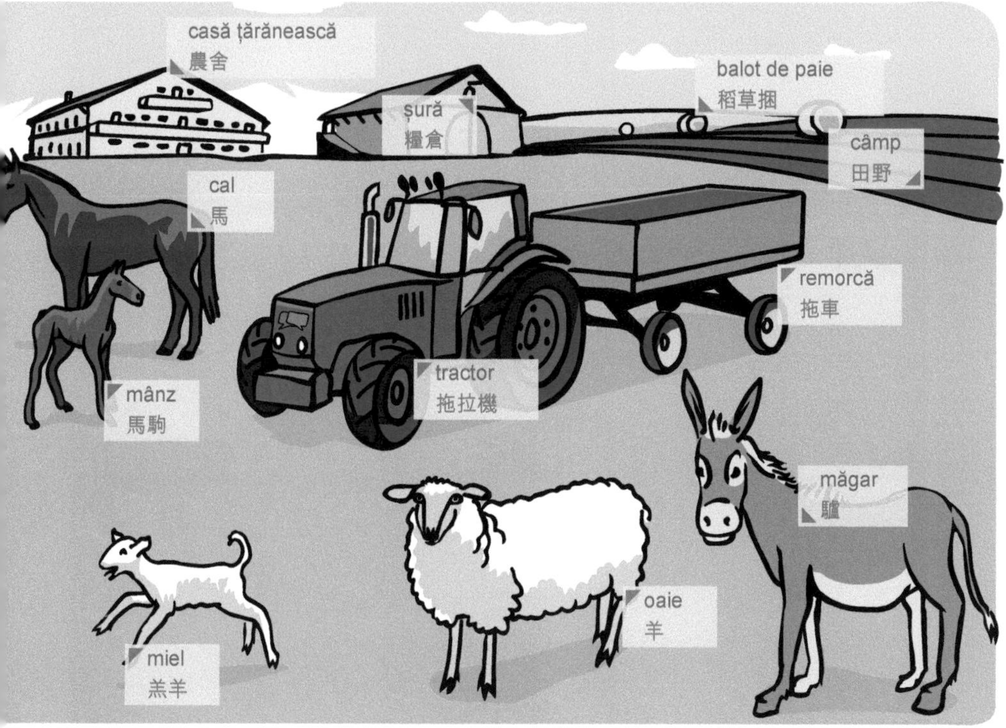
casă țărănească
農舍
șură
糧倉
balot de paie
稻草捆
câmp
田野
cal
馬
remorcă
拖車
tractor
拖拉機
mânz
馬駒
măgar
驢
oaie
羊
miel
羔羊

capră

山羊

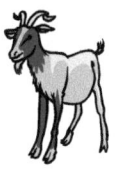

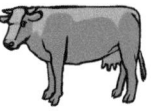

vacă

奶牛

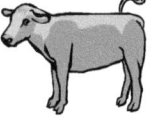

vițel

小牛

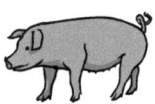

porc

豬

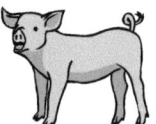

purcel

小豬

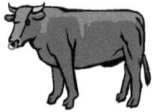

taur

公牛

găină

鵝

rață

鴨

pui

小雞

găină

母雞

cocoș

公雞

șobolan

鼠

pisică

貓

șoarece

老鼠

bou

牛

câine

狗

cușcă

狗屋

furtun de grădină

花園澆水軟管

stropitoare

澆水壺

coasă

長柄大鐮刀

plug

犁

sec␣ceră

鐮刀

sapă

鋤頭

furcă

長柄草耙

secure

斧頭

roabă

獨輪手推車

troacă

飼料槽

cană pentru lapte

牛奶罐

sac

麻布袋

gard

柵欄

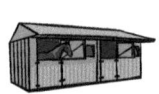

grajd

馬廄

seră

溫室

sol

土壤

sămânță

種子

fertilizator

肥料

combină de treierat

聯合收割機

a culege

收割

recoltă

收割

cartof yam

地瓜

grâu

小麥

soia

大豆

cartof

土豆

porumb

玉米

rapiță

油菜籽

pom fructifer

果樹

manioc

樹薯

cereale

穀物

horn
煙囪

acoperiș
屋頂

scoc
落水管

geam
窗戶

garaj
車庫

sonerie
門鈴

ușă
門

coș de gunoi
垃圾桶

cutie poștală
信箱

grădină
花園

cameră de zi

客廳

baie

浴室

bucătărie

廚房

dormitor

臥室

camera copiilor

兒童房

sufragerie

餐廳

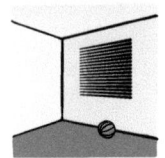

podea

地板

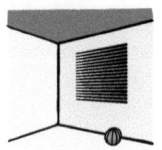

perete

牆壁

tavan

天花板

pivniță

地窖

saună

三溫暖

balcon

陽臺

terasă

露臺

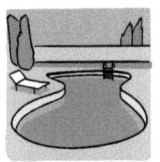

piscină

游泳池

mașină de tuns iarba

割草機

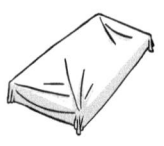

cearșaf

被單

cuvertură

床罩

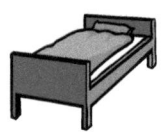

pat

床

mătură

掃帚

găleată

水桶

întrerupător

開關

cameră de zi

客廳

tapet
壁紙
pictură
相片
lampă
檯燈
raft
擱架
dulap
櫥櫃
televizor
電視
șemineu
壁爐
floare
花
pernă
墊子
sofa
沙發
vază
花瓶
telecomandă
遙控器

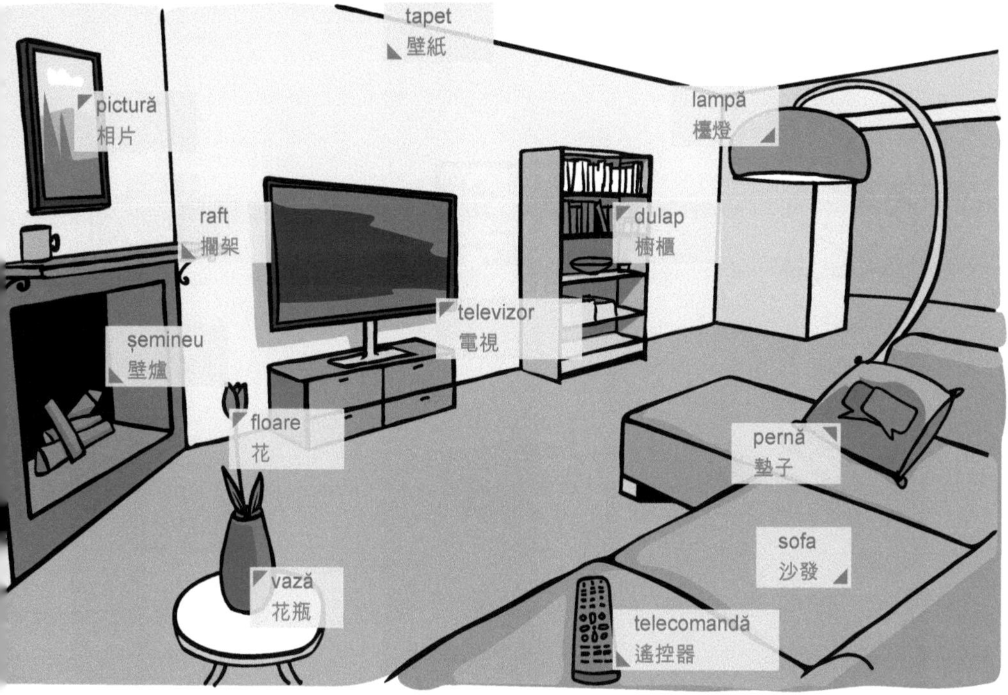

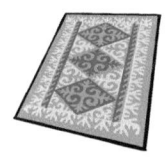

covor

地毯

perdea

窗簾

masă

餐桌

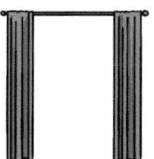

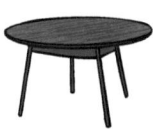

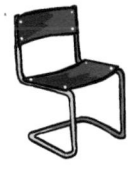

scaun

椅子

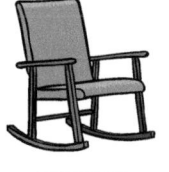

balansoar

搖椅

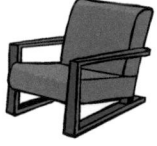

fotoliu

扶手椅

carte

書

pătură

毯子

decoraţiune

裝飾品

lemn de foc

木柴

film

電影

instalaţie stereo

高傳真音響

cheie

鑰匙

ziar

報紙

desen

油畫

poster

海報

radio

收音機

caiet de notiţe

筆記本

aspirator

吸塵器

cactus

仙人掌

lumânare

蠟燭

bucătărie
廚房

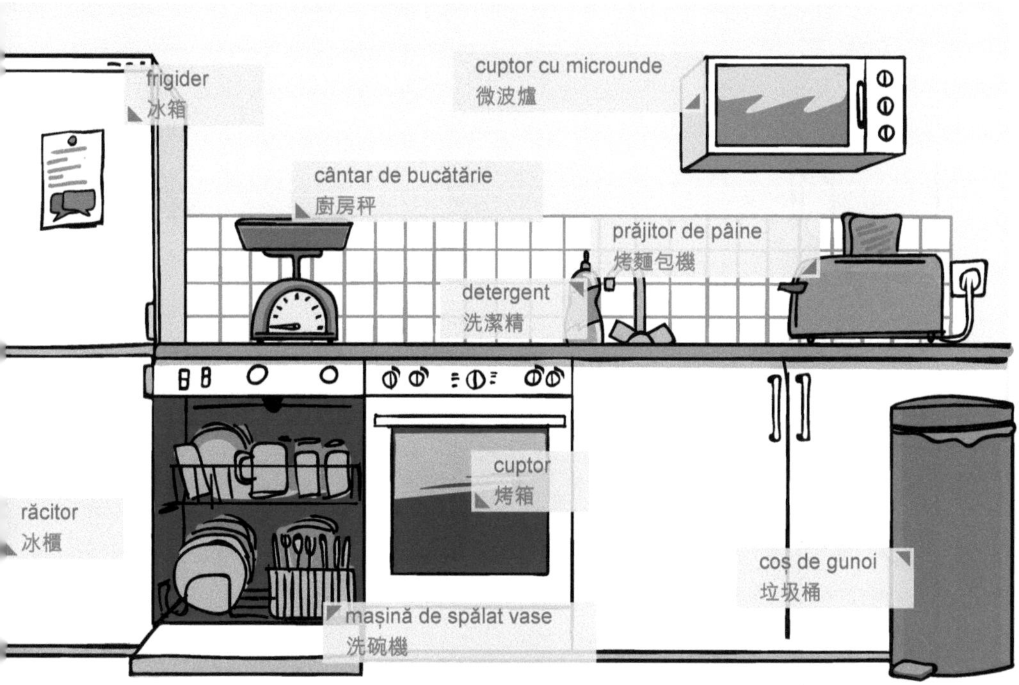

frigider
冰箱
cuptor cu microunde
微波爐
cântar de bucătărie
廚房秤
prăjitor de pâine
烤麵包機
detergent
洗潔精
cuptor
烤箱
răcitor
冰櫃
coș de gunoi
垃圾桶
mașină de spălat vase
洗碗機

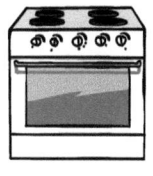

cuptor
炊具

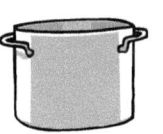

oală
鍋

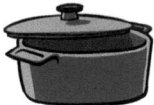

oală de metal
鑄鐵鍋

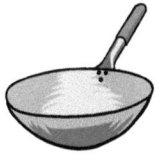

wok/kadai
炒鍋

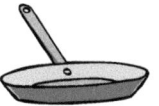

tigaie
平底鍋

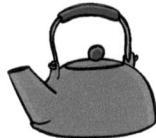

ceainic
水壺

oală de gătit cu aburi

蒸鍋

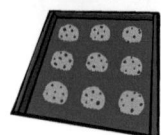

tavă de copt

烤盤

veselă

陶瓷鍋

pahar

馬克杯

bol

碗

bețișoare

筷子

polonic

長柄勺

spatulă

鏟子

tel

攪拌器

sită

濾網

sită

篩子

răzătoare

磨碎機

mojar

研缽

grătar

燒烤

loc pentru grătar

明火

tocător

菜板

sucitor

擀麵杖

tirbușon

開瓶器

conservă

罐子

deschizător de conserve

開罐器

șervete termice

隔熱手套

chiuvetă

水槽

perie

刷子

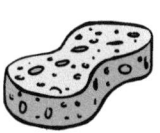

burete

海綿

mixer

攪拌機

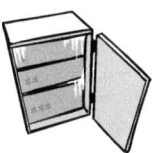

ladă frigorifică

冷藏箱

biberon

奶瓶

robinet

水龍頭

încălzire
供暖裝置

duș
淋浴

prosop
毛巾

perdea de duș
浴簾

baie cu spumă
泡沫浴

cadă
浴缸

pahar
玻璃杯

mașină de spălat
洗衣機

robinet
水龍頭

gresie
瓷磚

oală de noapte
便壺

chiuvetă
水槽

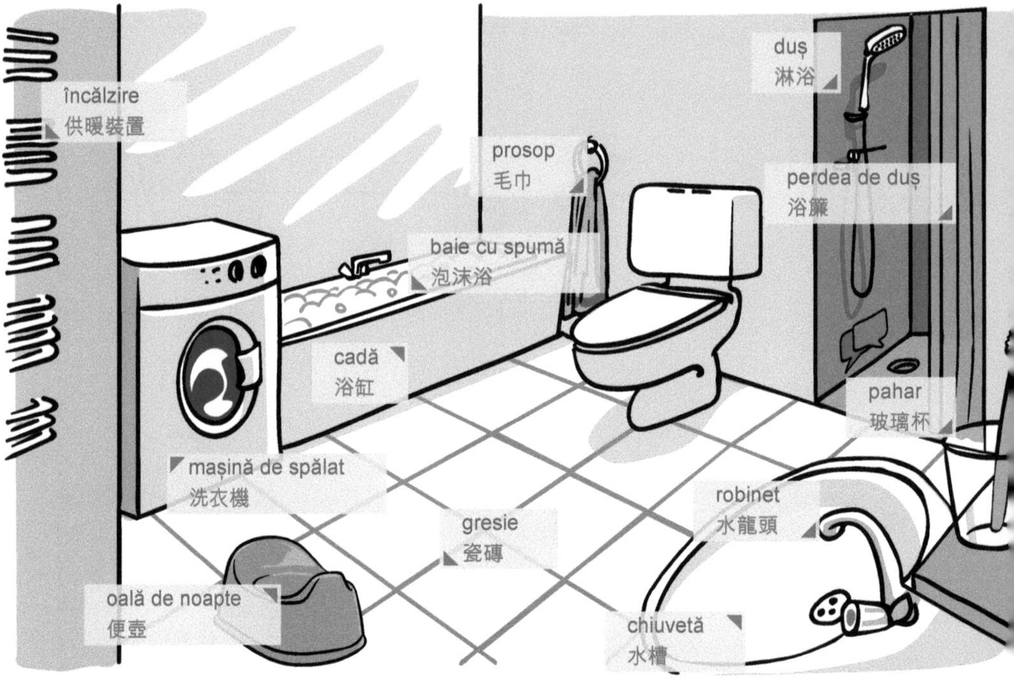

toaletă

廁所

toaletă turcească

蹲便器

bideu

坐浴器

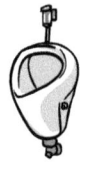

pisoir

小便斗

hârtie igienică

廁紙

perie de toaletă

馬桶刷

periuță de dinți

牙刷

pastă de dinți

牙膏

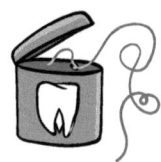

ață dentară

牙線

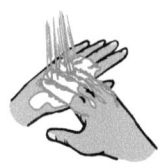

a spăla

洗

cap de duș

手持式蓮蓬頭

duș intim

沖洗器

lavoar

洗臉盆

perie pentru spate

洗背刷

săpun

肥皂

gel de duș

沐浴露

șampon

洗髮乳

cârpă de spălat

法蘭絨

scurgere

排水

cremă

乳霜

deodorant

除臭劑

oglindă

鏡子

oglindă cosmetică

手鏡

aparat de ras

刮鬍刀

spumă de ras

刮鬍泡沫

aftershave

鬍後水

pieptene

梳子

perie

刷子

uscător de păr

吹風機

fixator

噴髮定型劑

machiaj

化妝品

ruj

唇膏

lac de unghii

指甲油

vată

化妝棉

foarfece de unghii

指甲剪

parfum

香水

neseser

洗漱包

taburet

凳子

cântar

計重秤

halat de baie

浴袍

mănuși de cauciuc

橡膠手套

tampon

衛生棉條

tampon

衛生棉

toaletă chimică

化學廁所

camera copiilor
兒童房

ceas deșteptător
鬧鐘
jucărie de pluș
毛絨玩具
mașină de jucărie
玩具車
morișcă
撥浪鼓
casă de păpuși
玩具屋
cadou
禮物

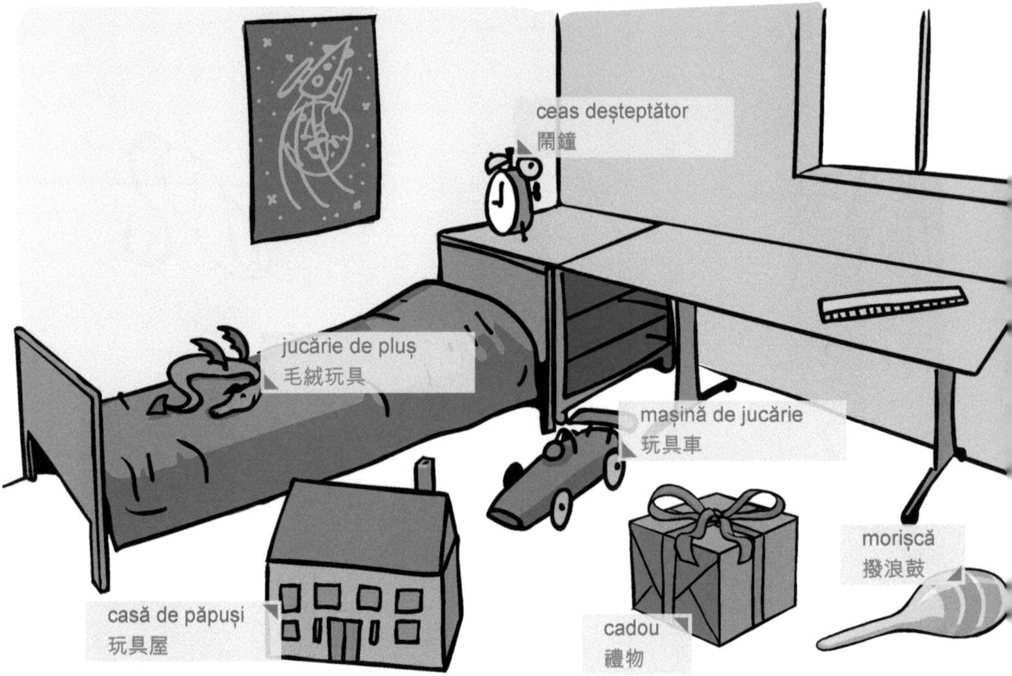

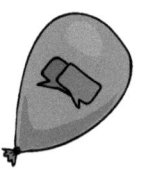

balon

氣球

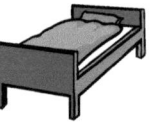

pat

床

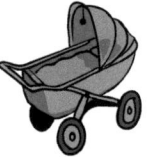

cărucior de copii

嬰兒車

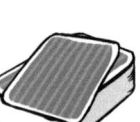

joc de cărți

撲克牌

puzzle

拼圖

SUPER
MEGA

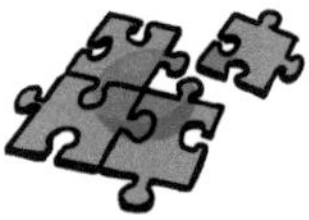

revistă de benzi desenate

漫畫

cuburi lego

樂高積木

piese pentru construcţii

積木玩具

personaj din filmele de acţiune

公仔

body

嬰兒服

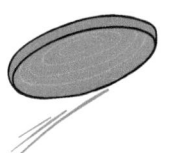

frisbee

飛盤

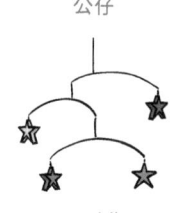

mobil

床鈴玩具

joc de societate

棋盤遊戲

zar

骰子

set trenuleţ de jucărie

火車模型

suzetă

安撫奶嘴

petrecere

派對

carte cu poze

繪本

minge

球

păpuşă

洋娃娃

a se juca

玩

groapă de nisip

沙坑

leagăn

鞦韆

jucării

玩具

consolă video

電玩遊戲

tricicletă

三輪車

ursuleț

泰迪熊

dulap

衣櫃

îmbrăcăminte

衣服

șosete

襪子

ciorapi

長襪

dres

緊身褲

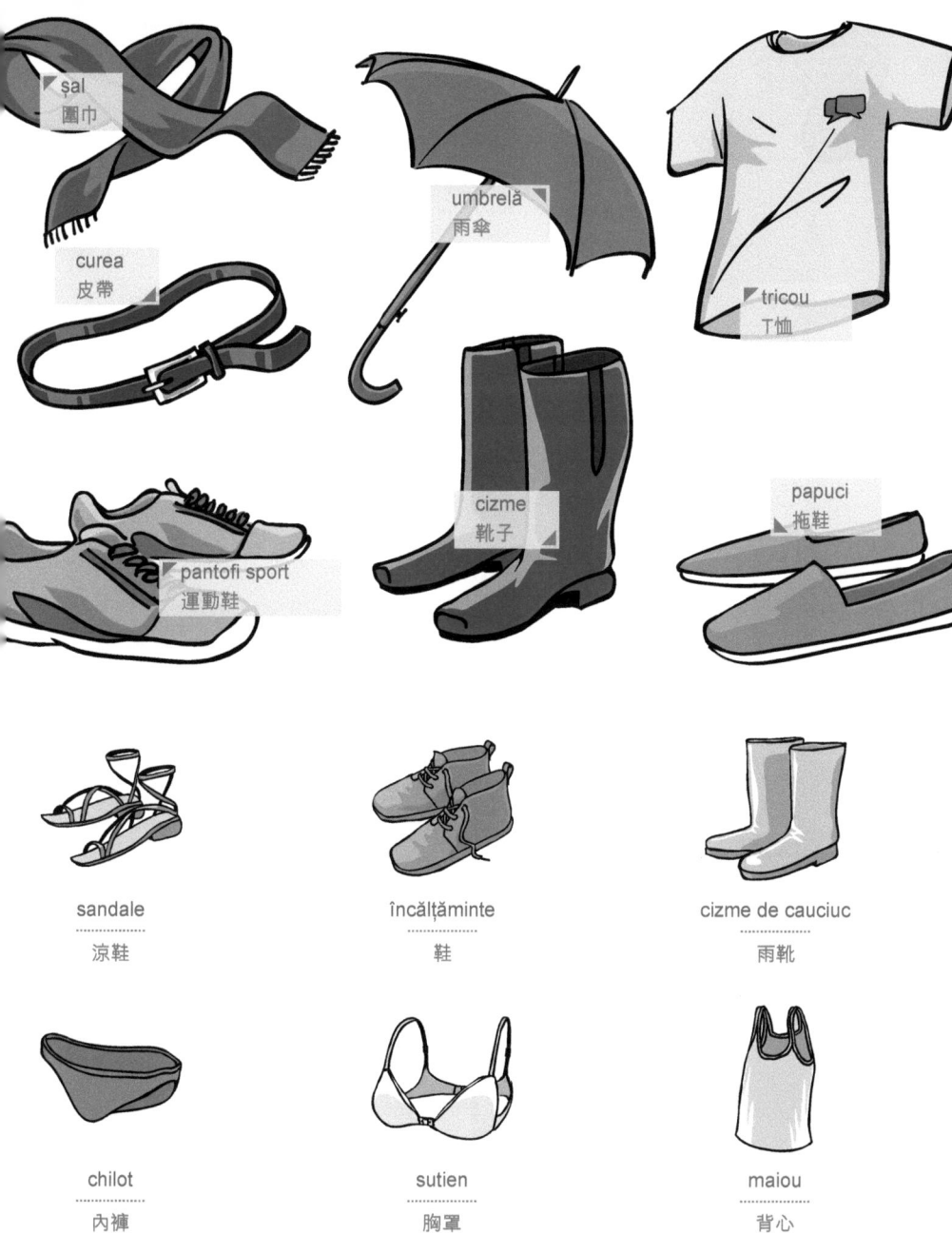

şal
圍巾

umbrelă
雨傘

curea
皮帶

tricou
T恤

cizme
靴子

papuci
拖鞋

pantofi sport
運動鞋

sandale

涼鞋

încălţăminte

鞋

cizme de cauciuc

雨靴

chilot

內褲

sutien

胸罩

maiou

背心

body

身體

pantaloni

褲子

blugi

牛仔褲

fustă

短裙

bluză

女式襯衫

cămaşă

襯衫

pulover

套頭衫

jerseu

連帽上衣

sacou

西裝夾克

jachetă

夾克

palton

外套

pelerină de ploaie

雨衣

costum

套裝

rochie

連衣裙

rochie de mireasă

婚紗

costum

西裝

cămașă de noapte

睡袍

pijama

睡衣

sari

莎麗

batic

頭巾

turban

包頭巾

burka

波卡

caftan

卡夫坦

abaya

(阿拉伯式)長袍

costum de baie

泳衣

șort

男式泳褲

pantaloni scurți

短褲

trening

運動服

șorț

圍裙

mănuși

手套

îmbrăcăminte - 衣服 47

nasture

鈕扣

ochelari

眼鏡

brățară

手鏈

lanț

項鍊

inel

戒指

cercel

耳環

căciulă

便帽

umeraș

衣架

pălărie

帽子

cravată

領帶

fermoar

拉鍊

cască

安全帽

bretele

背帶

uniformă școlară

校服

uniformă

制服

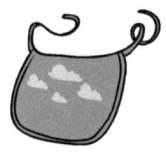

bavețică

圍兜

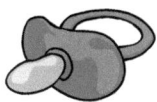

suzetă

安撫奶嘴

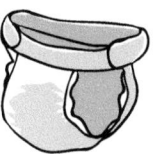

scutec

尿布

birou

辦公室

server
伺服器
dulap de acte
檔案櫃
imprimantă
印表機
hârtie
紙
monitor
螢幕
mouse
滑鼠
masă de birou
辦公桌
fișier
資料夾
tastatură
鍵盤
coș de gunoi
廢紙簍
computer
電腦
scaun
椅子

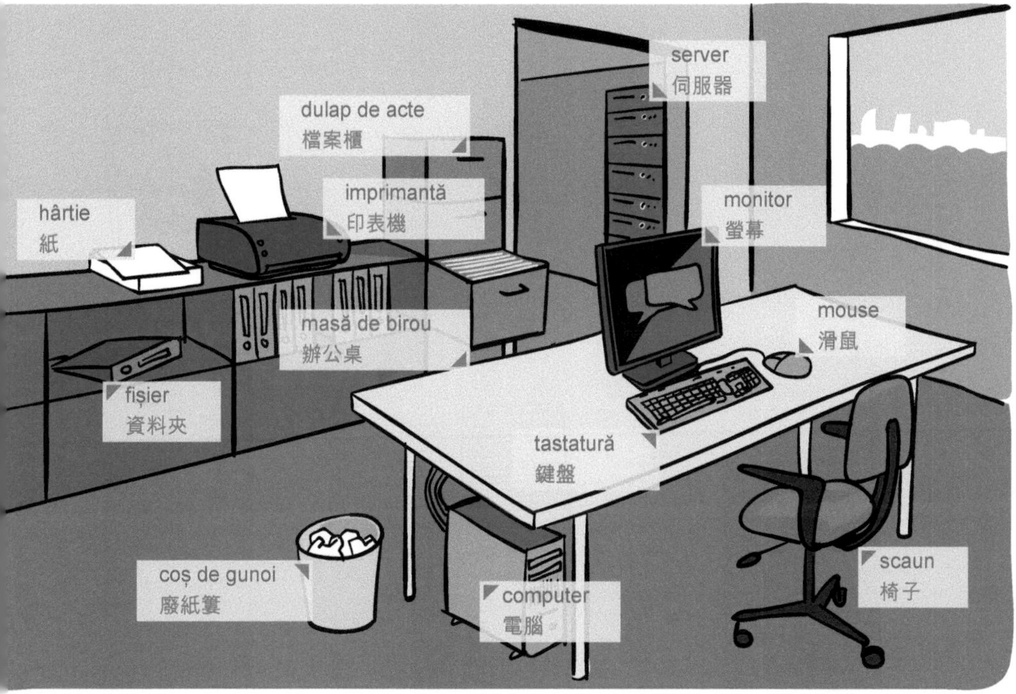

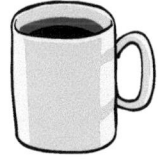

ceașcă de cafea

咖啡杯

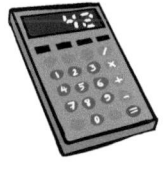

calculator

計算機

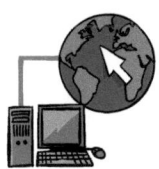

internet

網際網路

laptop

筆記型電腦

scrisoare

信件

mesaj

簡訊

telefon mobil

行動電話

reţea

網路

copiator

影印機

software

軟體

telefon

電話

priză

插座

fax

傳真機

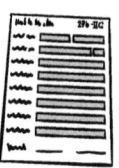

formular

表格

document

檔案

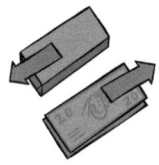

a cumpăra

買

a plăti

付錢

a face comerț

交易

bani

現金

Dolar

美元

Euro

歐元

Yen

日元

Rublă

盧布

Franc Elvețian

瑞士法郎

renminbi yuan

人民幣

Rupie

盧比

bancomat

提款處

casă de schimb valutar

外幣兌換處

aur

金

argint

銀

petrol

石油

energie

能源

preţ

價格

contract

合約

impozit

稅金

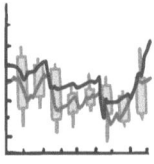

acţiune

股票

a munci

工作

angajat

職員

angajator

老闆

fabrică

工廠

magazin

商店

ocupații
職業

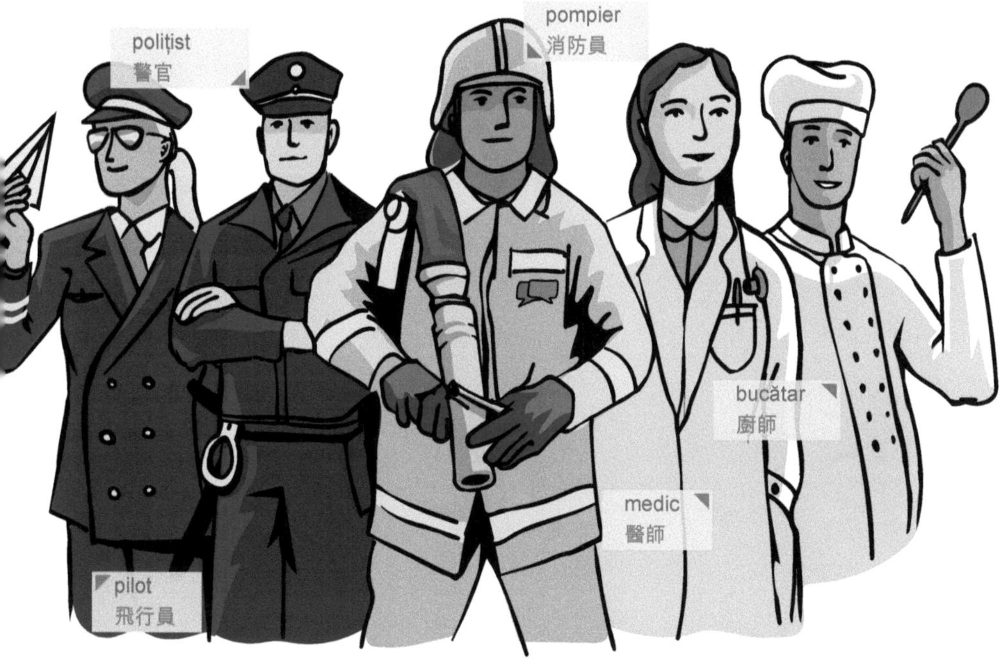

polițist
警官
pompier
消防員
bucătar
廚師
medic
醫師
pilot
飛行員

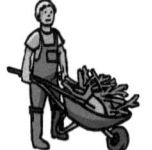

grădinar

園丁

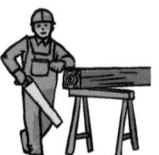

tâmplar

木匠

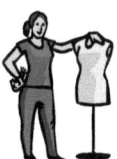

cusătoreasă

裁縫

judecător

法官

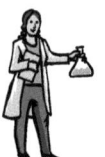

chimist

化學家

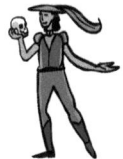

actor

演員

șofer de autobuz

公車司機

șofer de taxi

計程車司機

pescar

漁夫

femeie de serviciu

清洗女工

tinichigiu

屋頂工

chelnăr

服務生

vânător

獵人

pictor

畫家

brutar

麵包師

electrician

電工

muncitor în construcții

建築工人

inginer

工程師

măcelar

屠夫

instalator

水管工

poștaș

郵差

soldat

士兵

arhitect

建築師

casier

收銀員

florar

花農

frizer

理髮師

controlor

售票員

mecanic

機械技師

căpitan

船長

stomatolog

牙醫

om de știință

科學家

rabin

拉比

imam

伊瑪目

călugăr

和尚

preot

牧師

instrumente

工具

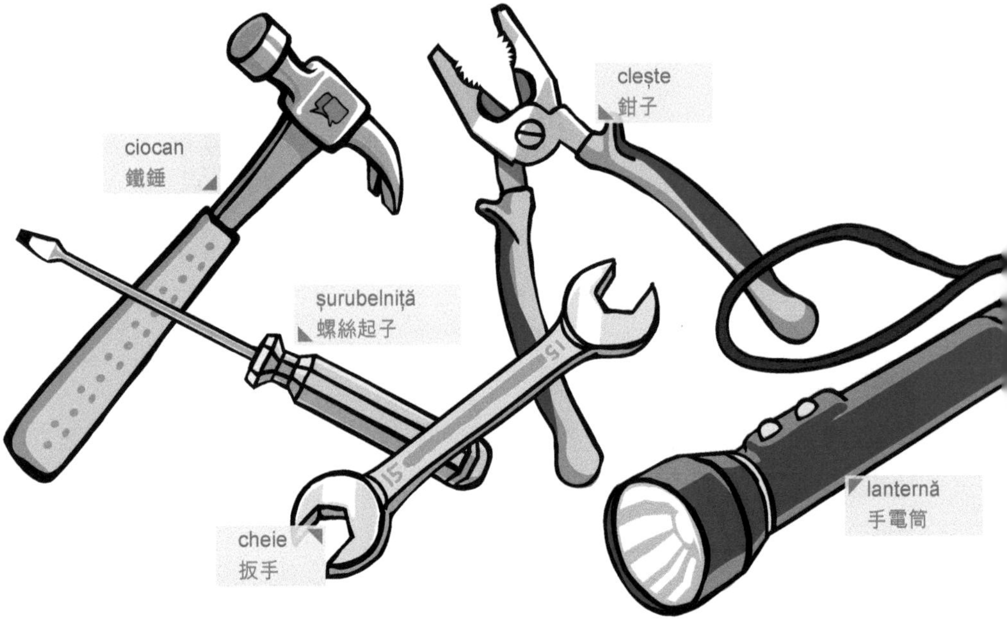
ciocan
鐵錘
clește
鉗子
șurubelniță
螺絲起子
cheie
扳手
lanternă
手電筒

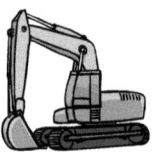

excavator

挖掘機

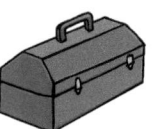

cutie de scule

工具箱

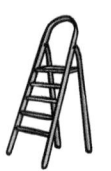

scară

梯子

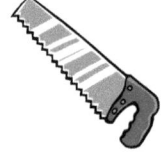

ferăstrău

鋸子

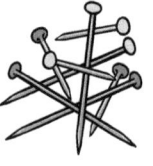

cuie

釘子

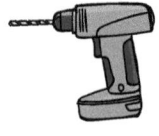

burghiu

鑽機

a repara

修

lopată

鏟子

La naiba!

糟糕！

făraș

畚箕

vas pentru vopsea

油漆桶

șuruburi

螺絲

instrumente muzicale
樂器

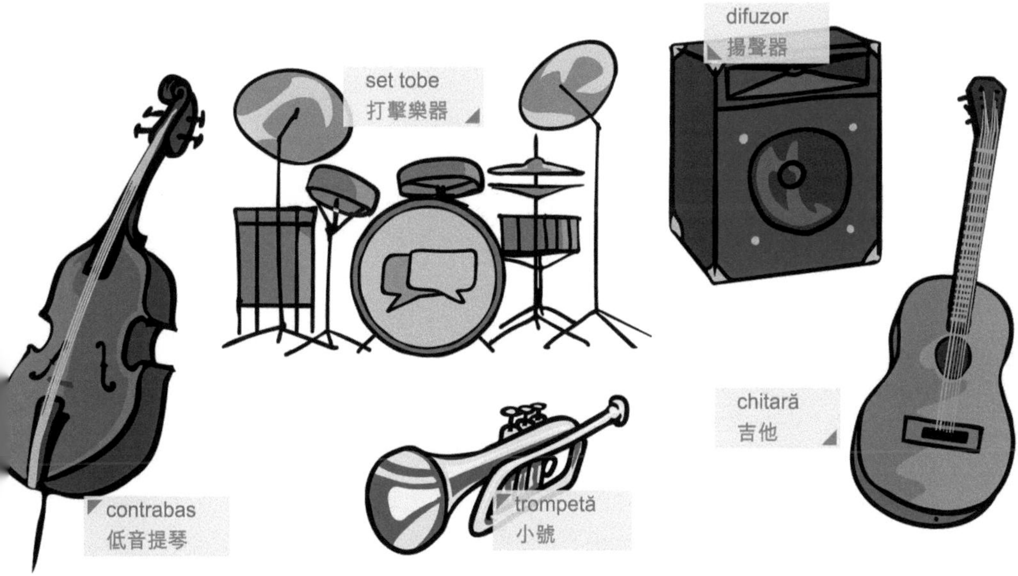

difuzor
揚聲器

set tobe
打擊樂器

chitară
吉他

contrabas
低音提琴

trompetă
小號

pian

鋼琴

vioară

小提琴

bas

貝斯

trombon

定音鼓

tobă

鼓

keyboard

電子琴

saxofon

薩克斯風

fluier

長笛

microfon

麥克風

grădină zoologică

動物園

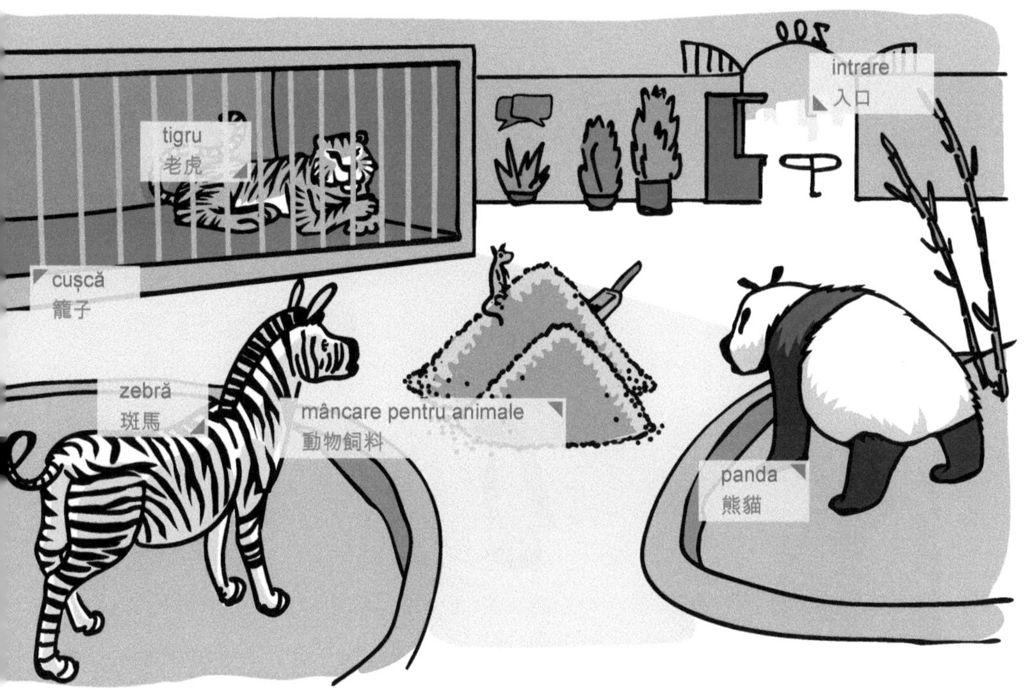

tigru
老虎
intrare
入口
cușcă
籠子
zebră
斑馬
mâncare pentru animale
動物飼料
panda
熊貓

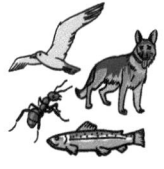

animale

動物

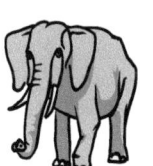

elefant

大象

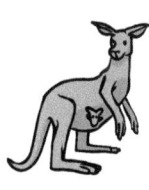

cangur

袋鼠

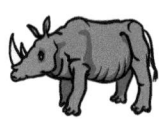

rinocer

犀牛

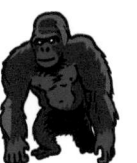

gorilă

大猩猩

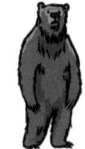

urs

熊

cămilă

駱駝

struț

鴕鳥

leu

獅子

maimuță

猴子

flamingo

紅鶴

papagal

鸚鵡

urs polar

北極熊

pinguin

企鵝

rechin

鯊魚

păun

孔雀

șarpe

蛇

crocodil

鱷魚

îngrijitor grădina zoologică

動物園管理員

focă

海豹

jaguar

美洲豹

ponei

矮種馬

leopard

豹

hipopotam

河馬

girafă

長頸鹿

acvilă

老鷹

porc mistreț

野豬

pește

魚

broască țestoasă

龜

morsă

海象

vulpe

狐狸

gazelă

羚羊

fotbal american
橄欖球

ciclism
騎腳踏車

tenis
網球

basketball
籃球

înot
游泳

box
拳擊

hockey pe gheață
冰球

fotbal	badminton	atletism
美式足球	羽毛球	口徑

handbal	schi	polo
手球	滑雪	馬球

a sări
跳

a îmbrățișa
擁抱

a râde
笑

a merge
走路

a cânta
唱

a visa
做夢

a se ruga
祈禱

a săruta
親吻

a scrie

書寫

a desena

畫

a arăta

展示

a împinge

推

a da

給

a lua

拿

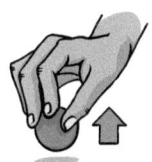

a avea

有

a face

做

a fi

當

a sta în picioare

站

a fugi

跑

a trage

拉

a arunca

丟

a cădea

摔倒

a sta întins

躺

a aştepta

等待

a purta

攜帶

a şedea

坐

a se îmbrăca

穿衣

a dormi

睡覺

a se trezi

醒來

a privi

看

a plânge

哭

a mângâia

擊

a se pieptăna

梳頭

a vorbi

交談

a înţelege

明白

a întreba

問

a asculta

聽

a bea

喝

a mânca

吃

a face ordine

清理

a iubi

愛

a găti

做飯

a conduce

開車

a zbura

飛

a naviga

航行

a calcula

計算

a citi

讀

a învăţa

學習

a munci

工作

a se căsători

結婚

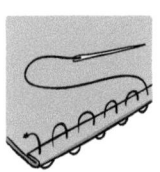

a coase

縫

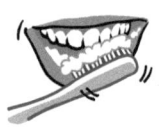

a se spăla pe dinţi

刷牙

a ucide

殺

a fuma

抽菸

a trimite

寄

bunică
祖母

bunic
祖父

tată
父親

mamă
母親

bebeluș
嬰兒

soră
女兒

fiu
兒子

oaspete

客人

mătușă

阿姨

unchi

叔叔

frate

兄弟

soră

姐妹

corp

身體

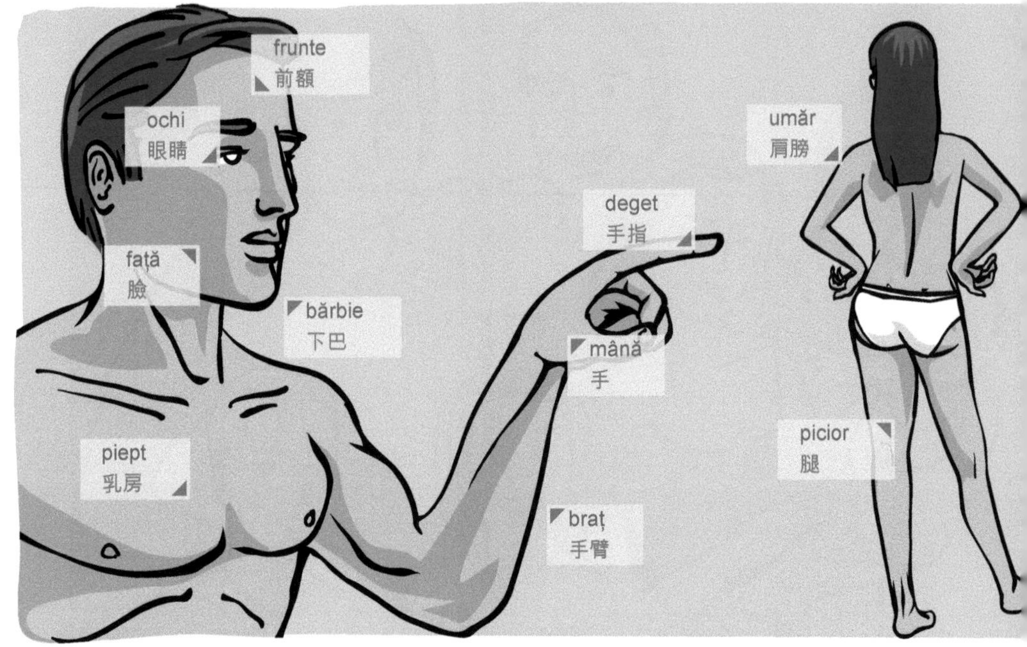

frunte
前額
ochi
眼睛
umăr
肩膀
deget
手指
față
臉
bărbie
下巴
mână
手
picior
腿
piept
乳房
braț
手臂

bebeluș

嬰兒

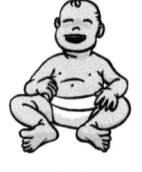

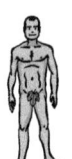

bărbat

男人

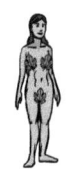

femeie

女人

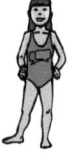

fată

女孩

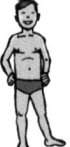

băiat

男孩

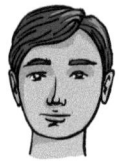

cap

頭

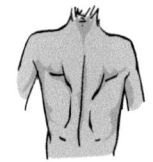

spate

背部

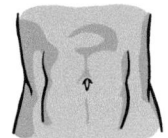

abdomen

肚子

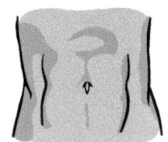

ombilic

肚臍

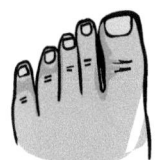

deget de la picior

腳趾

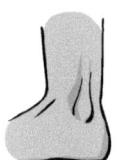

călcâi

腳後跟

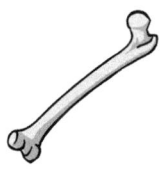

os

骨頭

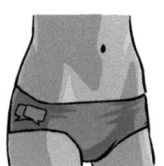

șold

臀部

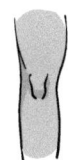

genunchi

膝蓋

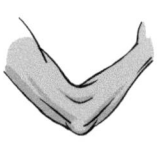

cot

手肘

nas

鼻子

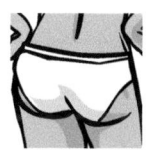

fund

屁股

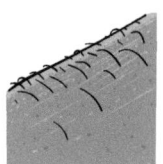

piele

皮膚

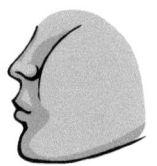

obraz

臉頰

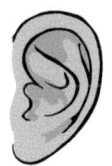

ureche

耳朵

buză

嘴唇

gură

嘴

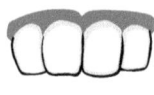

dinte

牙齒

limbă

舌頭

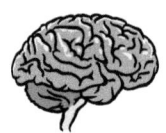

creier

腦

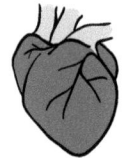

inimă

心臟

mușchi

肌肉

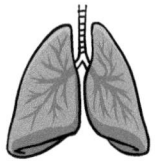

plămân

肺

ficat

肝臟

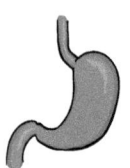

stomac

胃

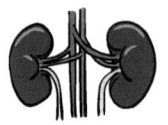

rinichi

腎臟

sex

性交

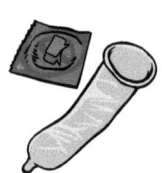

prezervativ

保險套

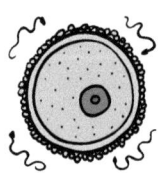

ovul

卵子

spermă

精子

sarcină

懷孕

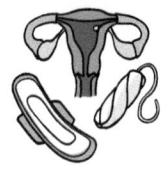

menstruație

月事

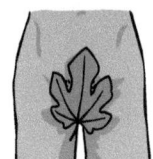

vagin

陰道

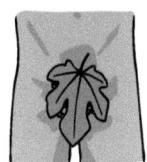

penis

陰莖

sprânceană

眉毛

păr

頭髮

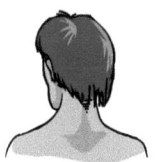

gât

脖子

spital
醫院

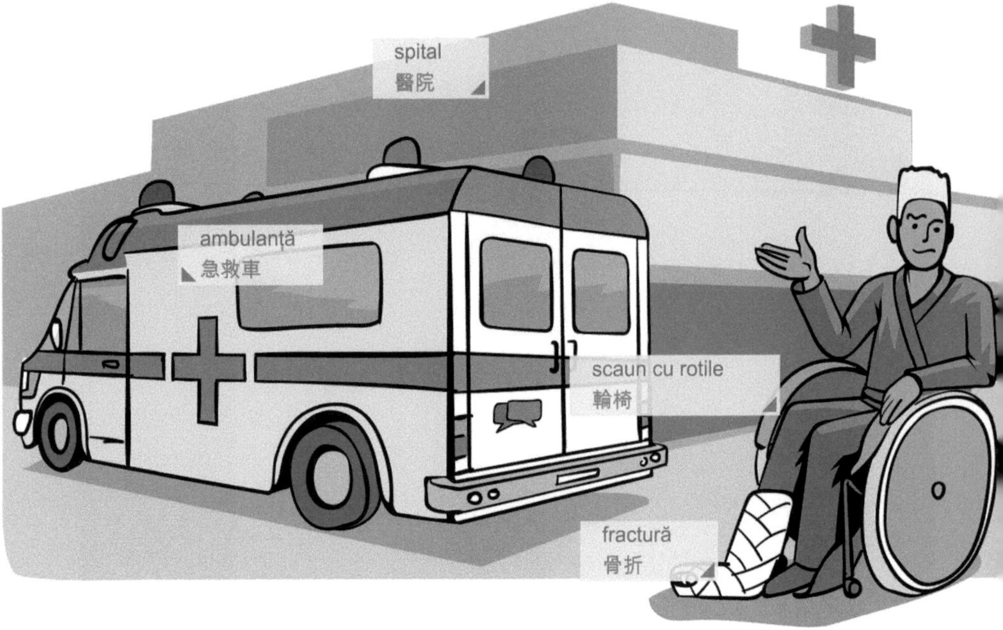

spital
醫院
ambulanță
急救車
scaun cu rotile
輪椅
fractură
骨折

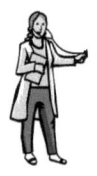

medic

醫師

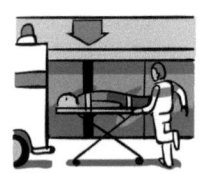

unitate de primiri urgențe

急診室

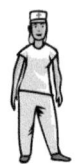

soră medicală

護理師

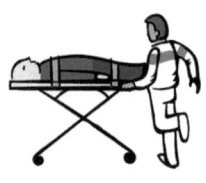

urgență

緊急情形

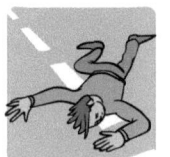

inconștient

昏迷

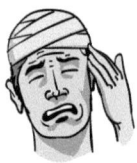

durere

痛

leziune

受傷

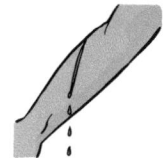

sângerare

出血

infarct miocardic

心臟病發作

atac cerebral

中風

alergie

過敏

tuse

咳嗽

febră

發燒

gripă

流感

diaree

腹瀉

durere de cap

頭痛

cancer

癌症

diabet

糖尿病

chirurg

外科醫師

scalpel

手術刀

operaţie

手術

CT

電腦斷層掃描

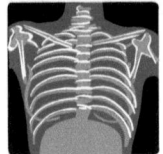

raze Röntgen

X光

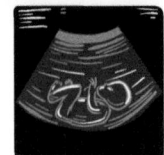

ultrasunet

超音波

mască

口罩

boală

疾病

sală de așteptare

候診室

cârjă

拐杖

plasture

石膏

bandaj

繃帶

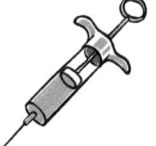

injecție

注射

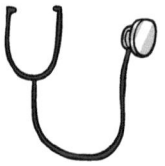

stetoscop

聽診器

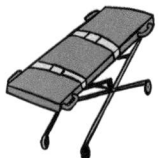

targă

擔架

termometru

體溫計

naștere

出生

supraponderabilitate

超重

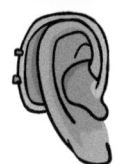

aparat auditiv

助聽器

dezinfectant

消毒液

infecţie

感染

virus

病毒

HIV/SIDA

愛滋病

medicină

藥物

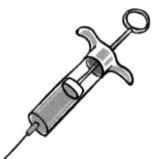

vaccin

接種疫苗

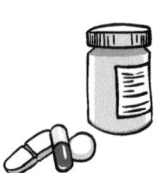

tablete

藥片

pastilă

藥丸

apel de urgenţă

急救電話

aparat de măsurare a
presiunii arteriale

血壓計

bolnav/sănătos

生病/健康

Ajutor!

救命！

alarmă

警報

agresiune

突擊

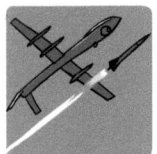

atac

攻擊

pericol

危險

ieșire de urgență

緊急出口

Foc!

失火了！

extinctor

滅火器

accident

意外

trusă de prim-ajutor

急救箱

SOS

呼救訊號

poliție

員警

Europa

歐洲

America de Nord

北美洲

America de Sud

南美洲

Africa

非洲

Asia

亞洲

Australia

澳洲

Altantic

大西洋

Pacific

太平洋

Oceanul Indian

印度洋

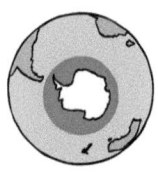

Oceanul Antarctic

南冰洋

Oceanul Arctic

北冰洋

Polul Nord

北極

Polul Sud

南極

Antarctica

南極洲

pământ

地球

ţară

陸地

mare

海

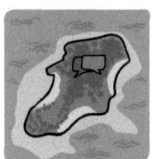

insulă

島

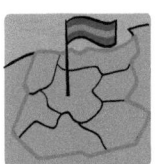

naţiune

國家

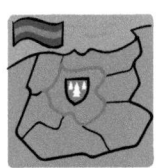

stat

州

cadran

錶盤

orar

時針

minutar

分針

secundar

秒針

Cât e ceasul?

現在幾點？

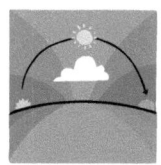

zi

天

timp

時間

acum

現在

cead digital

電子錶

minut

分

oră

時

luni
週一

MO

W miercuri
週三

vineri
週五

TU

TH

FR

sâmbătă
週六

SA

marți
週二

SO

joi
週四

duminică
週日

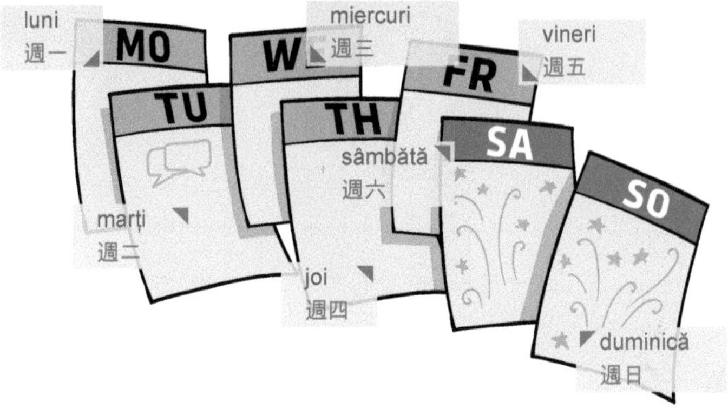

ieri

昨天

azi

今天

mâine

明天

dimineață

早晨

amiază

中午

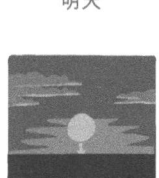

seară

晚上

zile lucrătoare

工作日

week-end

週末

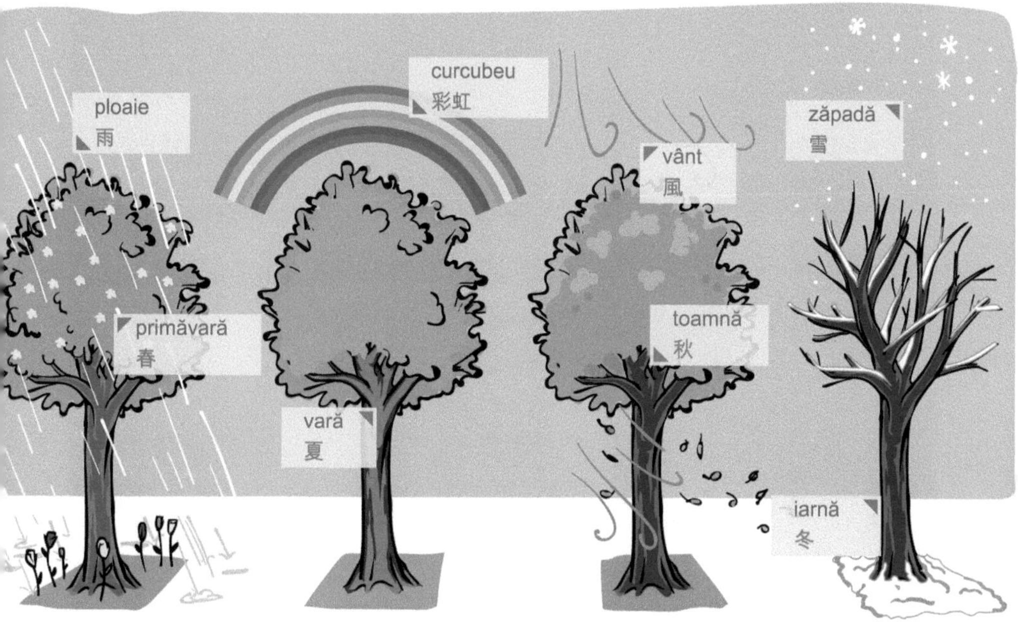

curcubeu
彩虹
ploaie
雨
zăpadă
雪
vânt
風
primăvară
春
toamnă
秋
vară
夏
iarnă
冬

4.APRIL 11°
5.APRIL 4°
6.APRIL 13°
7.APRIL 8°
8.APRIL 10°

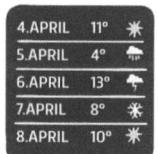

prognoză meteo

天氣預告

F C
120 40
90 30
60 20
30 10
0 0
-30 -10
-20

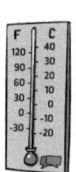

termometru

溫度計

lumina soarelui

陽光

nor

雲

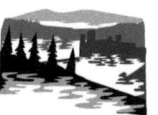

ceață

霧

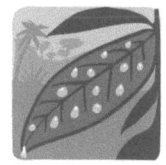

umiditate a aerului

潮濕

fulger

閃電

tunet

打雷

furtună

風暴

grindină

冰雹

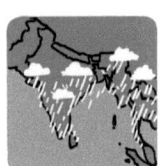

muson

季風

inundaţie

洪水

gheaţă

冰

ianuarie

一月

februarie

二月

martie

三月

aprilie

四月

mai

五月

iunie

六月

iulie

七月

august

八月

septembrie

九月

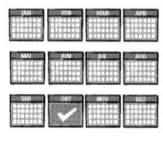

octombrie

十月

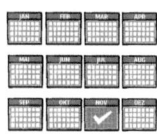

noiembrie

十一月

decembrie

十二月

forme
形狀

cerc

圓形

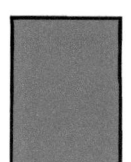

pătrat

正方形

dreptunghi

長方形

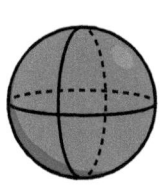

triunghi

三角形

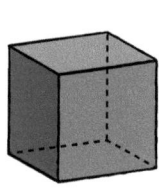

sferă

球體

cub

立方體

alb

白

galben

黃

portocaliu

橙

roz

粉

roşu

紅

violet

紫

albastru

藍

verde

綠

maro

棕

gri

灰

negru

黑

mult/puțin

很多/少許

furios/calm

生氣/平靜

frumos/urât

美/醜

început/sfârșit

首/尾

mare/mic

大/小

luminos/întunecat

明/暗

frate/soră

兄弟/姐妹

curat/murdar

乾淨/骯髒

complet/incomplet

完整/缺失

zi/noapte

白天/晚上

mort/viu

死/生

lat/strâmt

寬/窄

comestibil/necomestibil

可食用/非食用

rău/prietenos

邪惡/善良

emoţionat/plictisit

興奮/無聊

gras/slab

胖/瘦

primul/ultimul

第一/最後

prieten/inamic

朋友/敵人

plin/gol

滿/空

tare/moale

硬/軟

greu/uşor

重/輕

foame/sete

餓/渴

bolnav/sănătos

生病/健康

ilegal/legal

非法/合法

inteligent/stupid

聰明/愚笨

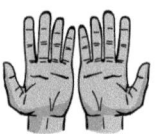

stânga/dreapta

左/右

aproape/departe

近/遠

nou/uzat

新/舊

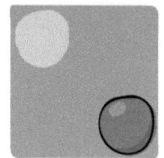

nimic/ceva

沒有/有些

bătrân/tânăr

老/幼

pornit/oprit

開/關

deschis/închis

打開/闔上

încet/tare

安靜/吵鬧

bogat/sărac

富/窮

corect/fals

對/錯

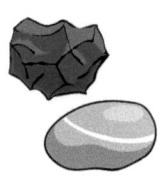

aspru/neted

粗糙/光滑

trist/fericit

傷心/高興

lung/scurt

短/長

încet/repede

慢/快

ud/uscat

濕/乾

cald/rece

溫暖/涼爽

război/pace

戰爭/和平

0

zero

零

1

unu

一

2

doi

二

3

trei

三

4

patru

四

5

cinci

五

6

şase

六

7

şapte

七

8

opt

八

9

nouă

九

10

zece

十

11

unsprezece

十一

12
douăsprezece
十二

13
treisprezece
十三

14
paisprezece
十四

15
cincisprezece
十五

16
șaisprezece
十六

17
șaptesprezece
十七

18
optsprezece
十八

19
nouăsprezece
十九

20
douăzeci
二十

100
o sută
百

1.000
o mie
千

1.000.000
un milion
百萬

engleză

英語

engleză americană

美式英語

chineza mandarină

普通話

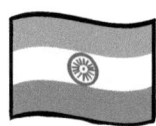

hindi

印地語

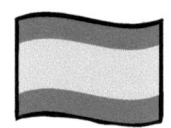

spaniolă

西班牙語

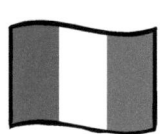

franceză

法語

arabă

阿拉伯語

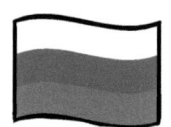

rusă

俄語

protugheză

葡萄牙語

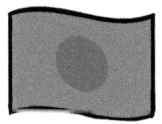

bengaleză

孟加拉語

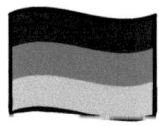

germană

德語

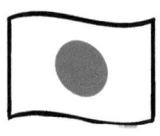

japoneză

日語

eu

我

tu

你

el/ea

他/她/它

noi

我們

voi

你們

ea

他們

cine?

誰？

ce?

什麼？

cum?

如何？

unde?

何處？

când?

何時？

nume

名字

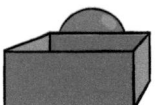

în spate

後面

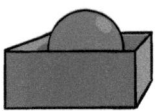

în

裡面

înainte

前面

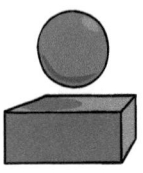

peste

上方

pe

上面

sub

下麵

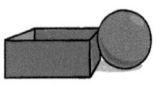

lângă

旁邊

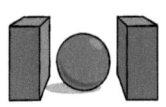

între

中間

loc

地點